AF297963

RÉPUBLIQUE FRANÇAISE.

MINISTÈRE DE LA GUERRE.

DISPOSITIONS

RELATIVES A LA

LOI D'AMNISTIE

DU 27 AVRIL 1898

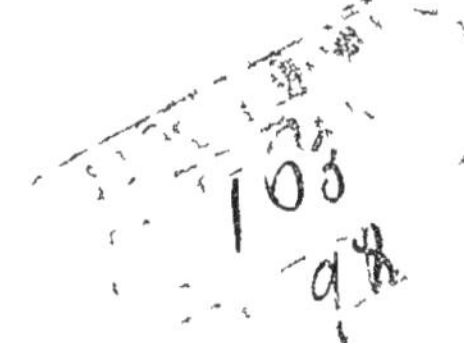

PARIS

Henri CHARLES-LAVAUZELLE

Éditeur militaire

118, Boulevard Saint-Germain, Rue Danton, 10

(MÊME MAISON A LIMOGES)

RÉPUBLIQUE FRANÇAISE.

MINISTÈRE DE LA GUERRE

Le Ministre de la guerre à MM. les Gouverneurs militaires de Paris et de Lyon ; le Gouverneur général civil de l'Algérie ; les Généraux commandant les corps d'armée ; les Généraux commandant les divisions militaires de l'Algérie ; le Général commandant la division d'occupation de Tunisie ; les Généraux de brigade commandant les subdivisions ; les Préfets et Sous-Préfets des départements ; les Intendants et Sous-Intendants militaires ; les Officiers supérieurs commandants de place ; les Chefs de corps et Commandants de dépôt de recrutement ; les Colonels et Officiers de gendarmerie. (*Direction de la cavalerie; Bureau de la justice militaire.*)

Paris, le 15 mai 1898.

Messieurs, j'ai l'honneur de vous adresser ci-joint ampliation de la loi du 27 avril 1898 qui accorde amnistie aux insoumis et déserteurs ; elle est accompagnée d'une instruction indiquant le mode d'exécution.

Je vous recommande de donner la plus grande publicité aux dispositions de cette amnistie, afin de faire sentir aux hommes à qui elle est applicable, ainsi qu'à leurs familles, combien il est de leur intérêt d'en profiter dans les délais fixés, puisque, sous aucun prétexte, ces délais ne seront prolongés.

Le Ministre de la guerre,
BILLOT.

Loi relative à l'amnistie en faveur des soldats des armées de terre et de mer, pour faits d'insoumision et de désertion.

Paris, le 27 avril 1898.

LE SÉNAT ET LA CHAMBRE DES DÉPUTÉS ONT ADOPTÉ,

LE PRÉSIDENT DE LA RÉPUBLIQUE PROMULGUE LA LOI dont la teneur suit :

Art. 1er. Amnistie est accordée pour les délits d'insoumission et de désertion commis antérieurement à la promulgation de la présente loi par les sous-officiers, brigadiers, caporaux et soldats de l'armée de terre.

La même amnistie est accordée :

1° Aux officiers-mariniers, quartiers-maîtres et marins des équipages de la flotte ;

2° Aux sous-officiers, brigadiers, caporaux et soldats des troupes de la marine, ainsi qu'aux individus immatriculés dans les sections d'exclus ;

3° Aux agents divers embarquant, ainsi qu'aux individus faisant partie des différents corps de la marine assimilés aux équipages de la flotte ou aux troupes de la marine ;

4° Aux marins de l'inscription maritime, déserteurs des bâtiments de commerce ; sans qu'elle puisse être opposée, en aucun cas, aux droits des tiers.

Art. 2. L'amnistie est entière et sans condition de servir :

1° Pour les insoumis et déserteurs âgés de plus de quarante-cinq ans ;

2° Pour les insoumis et déserteurs que des infirmités rendent impropres à tout service actif ou auxiliaire dans les armées de terre et de mer.

Art. 3. L'amnistie est conditionnelle pour les hommes âgés de moins de quarante-cinq ans, c'est-à-dire avec obligation de servir dans les conditions suivantes :

Les insoumis ayant moins de trente-cinq ans seront tenus d'accomplir le service auquel ils étaient assujettis ;

Les insoumis qui ont accompli le temps de service actif, mais qui n'ont pas répondu aux appels de la réserve, auront à passer ou à compléter dans un corps ou dans un dépôt, le temps de service pour lequel ils auraient été appelés conformément à l'article 37 de la loi du 15 juillet 1889 ;

Les déserteurs ayant moins de trente-cinq ans auront à compléter le temps de service qu'ils avaient à faire au moment où ils ont manqué à l'appel.

Néanmoins les hommes désignés dans les trois paragraphes qui précèdent ne seront pas astreints à un service actif au delà de leur trente-cinquième année révolue. Le bénéfice de cette disposition s'étendra aux hommes omis dans les tableaux de recensement.

Après trente-cinq ans, les uns et les autres resteront soumis aux obligations de la classe à laquelle ils appartiennent par leur âge.

Les insoumis et déserteurs âgés de moins de trente-cinq ans, qui seraient mariés ou qui seraient veufs avec un ou plusieurs enfants, ne seront pareillement soumis qu'aux obligations de la classe à laquelle ils appartiennent par leur âge.

Les hommes âgés de moins de quarante-cinq ans, qui se trouveraient dans les cas de dispense du service en temps de paix prévu à l'article 21 de la loi du 15 juillet 1889, seront tenus de servir dans les conditions stipulées par l'article 24 de la loi précitée.

Les prescriptions de l'article 2 et celles du présent article seront applicables aux marins appartenant à l'inscription maritime, sous une double réserve :

1º L'amnistie entière et sans condition de servir ne leur sera acquise que lorsqu'ils seront âgés de plus de cinquante ans ou lorsqu'ils seront atteints d'infirmités les rendant impropres au service de la flotte. Dans tout autre cas, l'amnistie restera conditionnelle;

2º La limite d'âge à laquelle les inscrits maritimes cesseront d'être tenus d'accomplir ou de parfaire leur période de service actif restera fixée à trente ans, par application de l'article 22 de la loi du 24 décembre 1896.

Art. 4. Les insoumis et déserteurs susceptibles de recevoir l'application de l'amnistie, avec condition de servir prévue par l'article 3 devront, ainsi que les marins inscrits déserteurs du commerce, se présenter devant les autorités qui seront désignées par les Ministres de la guerre et de la marine pour formuler leur déclaration de repentir, avant l'expiration des délais ci-après qui compteront à partir de la promulgation de la présente loi, savoir :

Trois mois pour ceux qui sont dans l'intérieur de la France et en Corse;

Six mois pour ceux qui sont hors du territoire français, mais en Europe ou en Algérie;

Et un an, pour ceux qui sont hors du territoire d'Europe et de l'Algérie.

Art. 5. A l'expiration des délais fixés au précédent article, les insoumis et déserteurs qui ne se seront pas présentés pour réclamer le bénéfice de l'amnistie avec condition de servir, ou ceux qui, après avoir pris une feuille de route, ne se rendraient pas à leur destination, seront de nouveau recherchés et poursuivis, s'il y a lieu.

Art. 6. En cas de condamnation pour autres infractions connexes ou concomitantes, le bénéfice de l'amnistie ne sera acquis que pour les délits d'insoumission ou de désertion.

La peine prononcée sera subie toutes les fois qu'elle sera justifiée par les faits autres que l'insoumission ou la désertion. Dans le cas contraire, aucune peine ne sera subie.

La présente loi, délibérée et adoptée par le Sénat et par la Chambre des députés, sera exécutée comme loi de l'Etat.

Fait à Paris, le 27 avril 1898.

FÉLIX FAURE.

Par le Président de la République :

Le Ministre de la guerre,
BILLOT.

Le Ministre de la marine,
BESNARD.

*Instruction du Ministre de la guerre pour l'application
de la loi d'amnistie du 27 avril 1898.*

Paris, le 15 mai 1898.

I — *Insoumis et déserteurs auxquels l'amnistie est applicable.*

Sont compris dans l'amnistie accordée par la loi du 27 avril
1898 :.

1° Les sous-officiers, caporaux, brigadiers ou soldats de l'armée
de terre en état de désertion ;

2° Les jeunes soldats, les disponibles, les réservistes et les ter-
ritoriaux de la même armée en état d'insoumission;

3° Tous les insoumis et déserteurs actuellement détenus, soit
comme prévenus, soit en vertu de condamnations prononcées
pour ces deux délits, sauf l'exception prévue à l'article 6 de ladite
loi ;

4° Tous les hommes qui, après avoir subi une condamnation
pour insoumission ou désertion, ont été dirigés sur des corps et
sont actuellement sous les drapeaux;

Le bénéfice de la présente amnistie s'étend aux désertions suc-
cessives ainsi qu'au fait de vente ou de dissipation des effets em-
portés et qui n'ont pu ou ne pourront être représentés.

Quant aux individus qui ont été condamnés pour insoumission
ou désertion, la présente amnistie efface les effets de la condamnation, sauf en ce qui concerne les hommes pour lesquels elle est
conditionnelle et qui ne se conformeraient pas aux prescriptions
de la loi dans les délais fixés par l'article 4.

En conséquence, les hommes âgés de moins de quarante-cinq
ans qui ont subi leur peine devront se présenter devant les autorités désignées ci-après pour bénéficier de l'amnistie.

II. — *Autorités chargées d'appliquer l'amnistie.*

Les déclarations de repentir nécessaires (1) pour obtenir l'application de l'amnistie seront reçues suivant les dispositions établies
ci-après, savoir :

En France, par les gouverneurs militaires de Paris et de Lyon,
les généraux commandant les corps d'armée, les généraux commandant les subdivisions;

Les officiers de gendarmerie et les commandants des bureaux
de recrutement;

En Algérie, par le général commandant le 19ᵉ corps d'armée,
les généraux commandant les divisions d'Alger, d'Oran et de
Constantine et les autres autorités mentionnées ci-dessus;

---

(1) La présentation volontaire devant les autorités chargées de recevoir
les déclarations est réputée acte de repentir.

En Tunisie, par le général commandant la division d'occupation et les autorités indiquées plus haut;

Dans les colonies, par les gouverneurs et les autorités coloniales (résidents) et les autorités militaires.

A l'étranger, par les divers représentants de la France.

III. — *Amnistie entière et sans condition de servir. Hommes âgés de quarante-cinq ans.*

Les insoumis et déserteurs âgés de plus de quarante-cinq ans sont, en vertu de l'article 2 de la loi du 27 avril 1898, amnistiés de plein droit, du jour de la promulgation de la loi en France, en Algérie et en Tunisie, et devront alors être rayés des contrôles (1).

Il pourra leur être délivré, même en dehors des délais fixés à l'article 4 de ladite loi, un certificat d'amnistie entière et sans condition de servir, conforme au modèle n° 4 (Voir aux annexes), s'ils viennent à réclamer cette pièce à l'autorité militaire pour justifier de leur position.

IV. — *Hommes atteints d'infirmités.*

Les insoumis et déserteurs qui auraient des infirmités les rendant impropres à tout service militaire actif ou auxiliaire ne sont amnistiés sans condition de servir qu'après constatation de ces infirmités.

En France, en Algérie et en Tunisie, cette constatation sera faite par les commissions de réforme.

Dans les colonies où ces commissions existent, il sera procédé identiquement. S'il n'existe pas de commission de réforme, la constatation sera faite par des médecins désignés à cet effet par l'autorité coloniale supérieure.

A l'étranger, la même constatation sera opérée par les médecins attachés aux consulats et ambassades, quand les infirmités sont apparentes, par exemple s'il y a cécité, perte d'un œil ou d'un membre. Quant aux infirmités non apparentes, le certificat d'amnistie entière et sans condition de servir ne pourra être délivré à l'insoumis ou déserteur qu'à son retour en France, après comparution devant la commission de réforme.

V. — *Amnistie conditionnelle. — Insoumis et déserteurs de l'armée active, âgés de moins de trente-cinq ans.*

Les insoumis et déserteurs âgés de moins de trente-cinq ans (2),

---

(1) La loi a été promulguée au *Journal officiel* de la République française, le 30 avril 1898. — Voir, pour la promulgation des lois, le décret du 11 novembre 1870, modifiant l'article 1er du Code civil.

(2) Par ces mots « insoumis et déserteurs âgés de moins de trente-cinq ans », il faut entendre les hommes qui n'auront pas accompli leur trente-cinquième année au moment de l'expiration du délai dont ils jouissent pour formuler leur déclaration de repentir.

appartenant à l'armée active et qui ont droit seulement à l'amnistie conditionnelle, ne peuvent en recevoir l'application qu'à leur rentrée en France dans les délais fixés par l'article 4 de la loi du 27 avril 1898 et en faisant leur déclaration de repentir devant les autorités militaires indiquées au paragraphe II de la présente instruction.

Ils sont tenus d'accomplir le temps de service auquel ils étaient assujettis au moment où ils ont manqué à l'appel. Toutefois, les uns et les autres cesseront d'être astreints au service actif au delà de leur trente-cinquième année révolue, conformément aux dispositions du paragraphe 5 de l'article 3 de la loi d'amnistie.

Ceux de ces hommes résidant à l'étranger ou aux colonies qui n'auraient pas les ressources nécessaires devront réclamer leur rapatriement comme il est expliqué au paragraphe XXIV.

VI. — *Cas de dispense du service actif.*

Les hommes âgés de moins de quarante-cinq ans, qui, lors de la promulgation de la présente loi, se trouveront dans l'un des cas de dispense du service en temps de paix prévus par l'article 21 de la loi du 15 juillet 1889 et en auront justifié par la production des pièces indiquées au tableau n° 3 (voir aux annexes), seront tenus de servir dans les conditions stipulées par l'article 24 de la loi précitée, c'est-à-dire d'accomplir ou de compléter trois années de service actif.

Toutefois, les dispositions dudit article 24 ne leur seront appliquées qu'après avis du conseil de discipline (arrêté ministériel du 25 janvier 1896).

VII. — *Hommes mariés, ou veufs avec un ou plusieurs enfants*

Les insoumis et les déserteurs âgés de moins de trente-cinq ans qui seraient mariés ou qui seraient veufs avec un ou plusieurs enfants, à l'époque de la promulgation de la loi d'amnistie en France, en Algérie et en Tunisie, recevront l'application de l'amnistie conditionnelle après avoir justifié de leur position par des pièces authentiques (Voir aux annexes le tableau n° 3). Leur acte de soumission devra être fait dans les délais fixés par l'article 4 de la loi du 27 avril 1898 et devant les autorités militaires indiquées au paragraphe II de la présente instruction. Procès-verbal de leur déclaration sera dressé et une copie leur sera délivrée.

Ils devront immédiatement adresser cette pièce au commandant du bureau de recrutement duquel ils dépendent, afin que cet officier puisse prendre les mesures nécessaires pour leur faire achever ou accomplir les obligations de la classe à laquelle ils appartiennent par leur âge.

Ceux qui se trouveraient aux colonies ou à l'étranger (1) au-

---

(1) Tout mariage contracté à l'étranger par les insoumis ou déserteurs, conformément aux lois du pays où ils résident, donne droit à l'application de l'amnistie.

ront la faculté de faire leur déclaration de repentir devant les autorités coloniales ou les agents diplomatiques. Il sera procédé à leur égard comme il est dit ci-dessus; toutefois, pour ceux résidant à l'étranger, la copie du procès-verbal de leur déclaration devra être adressée par l'intermédiaire desdits agents diplomatiques.

VIII. — *Réservistes ayant moins de trente-cinq ans.*
Hommes à l'étranger ou aux colonies.

Les insoumis et déserteurs âgés de moins de trente-cinq ans, appartenant à la disponibilité ou à la réserve de l'armée active, et les insoumis ou déserteurs âgés de plus de trente-cinq ans qui ont droit seulement à l'aministie conditionnelle recevront également application de ladite amnistie en faisant leur déclaration de repentir dans les mêmes délais.

Ceux qui se trouveraient à l'étranger ou aux colonies auront la faculté de faire leur déclaration de repentir devant les agents diplomatiques ou les autorités coloniales qui, après justification de leur position par une pièce authentique, ainsi qu'il est indiqué au tableau n° 3 (Voir aux annexes), dresseront procès-verbal de la déclaration, dont copie sera délivrée aux amnistiés.

Cette pièce devra être immédiatement adressée par les soins desdits agents diplomatiques au commandant du bureau de recrutement auquel ces hommes appartiennent, afin que, le cas échéant, ces officiers puissent prendre les mesures nécessaires pour leur faire achever ou accomplir les périodes d'exercices auxquelles la loi les astreint.

Ces hommes pourront toutefois bénéficier, sur leur demande, des dispositions des articles 96 et 217 de l'instruction du 28 décembre 1895 et être considérés comme ajournés, jusqu'à leur rentrée en France, pour l'accomplissement de leurs périodes d'exercices.

IX. — *Insoumis et déserteurs en détention*

Les insoumis et déserteurs détenus dans les établissements militaires à l'époque de la promulgation de la loi du 27 avril 1898, soit préventivement, soit en vertu de condamnations prononcées pour insoumission ou désertion seulement, recevront, suivant leur âge et leur position, application de l'amnistie avec ou sans condition de servir.

L'autorité militaire supérieure dans la circonscription de laquelle ils sont détenus prescrira le renvoi dans leurs foyers de ceux qui seront âgés de quarante-cinq ans.

Les détenus amnistiés avec condition de servir seront, par les soins de l'autorité militaire supérieure locale, dirigés sur des corps de l'armée active (s'ils sont âgés de moins de trente-cinq ans) ou mis à la disposition des commandants des bureaux de recrutement dont ils dépendent (s'ils ont dépassé cet âge) auxquels il appartiendra de prendre les mesures que comporte leur position, d'après les règles tracées par la présente instruction.

En attendant la décision à intervenir, ils seront placés en subsistance dans un corps de la garnison.

Quant aux insoumis et déserteurs condamnés en même temps pour d'autres faits délictueux. il sera procédé à leur égard comme il est indiqué au paragraphe XXI.

Les hommes présents au corps, après avoir subi une condamnation pour insoumission ou désertion, qui seront âgés de plus de trente-cinq ans, seront mis à la disposition des commandants de bureaux de recrutement dont ils dépendent et auxquels il appartiendra de prendre les mesures que comporte leur position.

X. — *Contrôles à établir.*

Les autorités militaires chargées de recevoir les déclarations de repentir, d'après l'article 4 de la loi d'amnistie, devront ouvrir deux contrôles conformes aux modèles n°s 1 et 2 (Voir aux annexes), pour y inscrire :

Sur le premier, la déclaration des insoumis ou des déserteurs qui ont droit à l'amnistie entière et sans condition de servir en raison d'infirmités les rendant impropres au service militaire;

Sur le second, celle des insoumis ou déserteurs ayant droit seulement à l'amnistie conditionnelle.

A l'expiration des délais fixés par l'article 4 de la loi du 27 avril 1898, ces contrôles seront clos et déposés dans les archives de l'état-major du corps d'armée ou du gouvernement militaire.

Il ne sera pas ouvert de contrôle pour les hommes âgés de plus de quarante-cinq ans, auxquels l'amnistie est conférée de plein droit; mais les corps et les bureaux de recrutement auxquels ils appartenaient auront à les comprendre dans une liste à envoyer au Ministre, ainsi qu'il est expliqué ci-après, au paragraphe XX.

XI. — *Délivrance de feuilles de route.*
Mise en subsistance.

Les insoumis et déserteurs amnistiés et inscrits sur le contrôle n° 2 (Voir aux annexes) qui auront un service à accomplir dans l'armée active recevront une feuille de route avec indemnité, pour se rendre librement, savoir :

Les déserteurs, au corps ou au dépôt du corps auquel ils ont appartenu, pour y être de nouveau incorporés (1);

----

(1) Lorsque le retour des déserteurs à leur ancien corps paraîtra présenter des inconvénients, MM. les gouverneurs militaires et les généraux commandant les corps d'armée sont autorisés à les diriger sur un autre corps.

En cas de changement d'affectation, les chefs de corps qui avaient signalé ces hommes comme déserteurs devront en être immédiatement avisés pour faire cesser, par l'envoi d'un signalement n° 2, les recherches dont ils étaient l'objet.

Et les insoumis, devant le commandant du bureau de recrutement à qui aura été envoyée leur déclaration de repentir.

Les jeunes soldats ou les engagés volontaires insoumis seront dirigés sur un des corps de l'armée.

Les hommes déclarés insoumis en raison de manquements aux périodes d'exercices de la disponibilité, de la réserve ou de l'armée territoriale seront informés qu'ils devront être convoqués lors du prochain appel pour une période d'exercices de la réserve ou de l'armée territoriale, suivant le cas. Cet avis leur sera renouvelé par écrit, lors de l'envoi de leur livret.

Les uns et les autres pourront provisoirement être placés en subsistance dans un des régiments voisins, et une feuille de route avec indemnité sera délivrée à ceux qui, après examen de leur position, seront renvoyés dans leurs foyers.

XII. — *Mise en route des détenus amnistiés.*

Les insoumis et déserteurs détenus qui auront droit à l'amnistie entière et sans condition de servir recevront une feuille de route avec indemnité pour se rendre dans leurs foyers.

Ceux qui n'ont droit qu'à l'amnistie conditionnelle pourront, à moins que, par suite de circonstances exceptionnelles, l'autorité militaire n'en juge autrement, rejoindre librement, munis d'une feuille de route avec indemnité, le corps qui leur aura été assigné ou le bureau de recrutement dont ils relèvent.

XIII. — *Constatation d'identité.*

Tout fonctionnaire qui aura reçu la déclaration de repentir d'un insoumis ou d'un déserteur devra. avant de lui appliquer l'amnistie, s'assurer de l'identité de l'homme qui se présente. A cet effet. si l'insoumis ou le déserteur n'a pu produire les pièces désignées au tableau n° 3 (Voir aux annexes), pour constater d'une manière positive son état d'insoumission ou de désertion, ce fonctionnaire demandera son signalement n° 1 au chef de corps ou au commandant du bureau de recrutement.

Dans le cas où ce dernier n'aurait pas à sa disposition les documents suffisants, il en référera au Ministre (Bureau de la justice militaire).

Les pièces communiquées par le Ministre devront être renvoyées dans le plus bref délai.

XIV. — *Renseignements à transmettre au Ministre de la guerre.*

Après application de l'amnistie entière et sans condition de servir, l'autorité militaire transmettra une copie du certificat d'amnistie au Ministre de la guerre et au chef du corps ou au commandant du bureau de recrutement auquel l'homme appartient.

Pour l'amnistie conditionnelle, le fonctionnaire qui aura reçu la déclaration de repentir informera le chef de corps de la date présumée de l'arrivée du déserteur à sa destination et, s'il s'agit d'un insoumis, le commandant du bureau du recrutement auquel appartient l'amnistié.

En ce qui concerne les hommes résidant à l'étranger et qui auront reçu l'application de l'amnistie conditionnelle par les soins des agents diplomatiques ou des autorités coloniales, il sera procédé comme il est dit au paragraphe VIII.

Pour les hommes résidant aux colonies, les demandes de renseignements et les transmissions de pièces entre les autorités coloniales et les autorités militaires en France seront effectuées par l'intermédiaire du ministère des colonies.

XV. — *Mentions à porter sur les registres matricules et sur les livrets.*

Les mentions suivantes seront portées sur les registres matricules et les livrets, savoir :

1º Pour les insoumis et déserteurs amnistiés sans condition de servir :

Rayé des contrôles le   comme ayant atteint l'âge de quarante-cinq ans.

Interruption de services du   au
        ou :   (Instruction du 15 mai 1898);

Rayé des contrôles le   comme étant atteint d'infirmités le rendant impropre à tout service actif ou auxiliaire dans l'armée active.

Interruption de services du   au
              (Instruction du 15 mai 1898) ;

2º Pour les insoumis et déserteurs amnistiés conditionnellement :

Rentré le

        ou :

Passé le

Interruption de services du   au
              (Instruction du 15 mai 1898.) (1)

Toute mention d'insoumission ou de désertion devra cesser de

---

(1) Les services interrompus par le fait de l'insoumission ou de la désertion seront de nouveau comptés à partir du jour où les insoumis ou déserteurs auront reçu une feuille de route pour se rendre à leur destination, ou du jour où ils auraient été mis en subsistance dans un corps en attendant l'examen de leur position en conformité des paragraphes IX et XI de la présente instruction.

Les déserteurs gradés (à l'exception des commissionnés et des sous-officiers rengagés) seront replacés à leur corps comme soldats de 2ᵉ classe, et la mention suivante « remis soldat de 2ᵒ classe par suite de longue absence » sera portée sur les contrôles.

Les commissionnés et les sous-officiers rengagés devront, en arrivant au corps, être replacés dans leur situation antérieure, mais traduits immédiatement devant un conseil de régiment pour qu'il soit pris à leur égard telle mesure disciplinaire qu'il conviendra, en se conformant aux prescriptions des lois et règlements en vigueur.

figurer sur les livrets, relevés de services, certificats de bonne conduite, conges, etc., lorsqu il aura été fait application de la loi d'amnistie du 27 avril 1898 (1).

XVI. — *Signalements n° 2.*

Les chefs de corps et les commandants des bureaux de recrutement, après avoir rayé des contrôles de l'insoumission et de la désertion les hommes amnistiés sans condition de servir, en raison de leurs infirmités, devront établir des signalements n° 2 pour faire cesser les recherches. Ils dresseront le même signalement pour les insoumis ou les déserteurs amnistiés avec condition de servir.

Afin de simplifier les écritures, il ne sera pas établi de signalement n° 2 pour les insoumis ou déserteurs âgés de plus de quarante-cinq ans ou ayant atteint cet âge depuis l'amnistie du 19 juillet 1889.

On se bornera à adresser des listes nominatives de ces amnistiés aux diverses autorités qui auront reçu les signalements n° 1. Une de ces listes sera envoyée au Ministre trois mois après la promulgation de la loi.

XVII. — *Déserteurs qui se trouveraient présents dans un autre corps.*

Le déserteur, qui, au moment de la promulgation de la présente loi, aurait pris du service dans un corps autre que celui qu'il a abandonné, sans emploi de manœuvres frauduleuses, pourra y continuer son service. Il ne sera plus ni recherché ni poursuivi pour le fait de désertion s'il est actuellement présent à son nouveau corps et s'il fait connaître sa position au chef de ce corps. Celui-ci en rendra un compte spécial au Ministre (Bureau de la justice militaire) en demandant l'annulation de l'engagement qu'il aura contracté.

Ce déserteur ne devra, en effet, que compléter le temps de service auquel il était astreint avant de contracter cet engagement.

XVIII. — *Déserteurs appartenant à un corps supprimé.*

Lorsque le militaire de l'armée active amnistié appartiendra à un corps qui aura été supprimé depuis sa désertion, il sera incorporé, s'il y a lieu, dans un corps de l'arme dans laquelle il sera reconnu apte à servir.

L'autorité devant laquelle il aura fait sa soumission adressera

---

(1) Les condamnations pour insoumission ou désertion devront être rayées également sur les casiers judiciaires, et, afin de permettre aux intéressés de faire opérer cette radiation par le parquet du tribunal de l'arrondissement où ils sont nés, il y aura lieu de leur délivrer, sur leur demande, un relevé de services constatant qu'ils ont reçu application de l'amnistie.

directement son signalement n° 2 aux autorités à qui le signalement n° 1 aura pu être envoyé et au Ministre (Bureau de la justice militaire).

XIX. — *Amnistiés conditionnellement qui ne se rendraient pas à leur destination.*

Les insoumis et déserteurs non dégagés do l'obligation de servir et qui, après avoir profité de l'amnistie et avoir reçu une feuille de route, ne se rendraient pas à leur destination dans les délais fixés par l'article 73 de la loi du 15 juillet 1889 et par le Code de justice militaire, seront de nouveau signalés aussitôt que leur absence sera connue, recherchés et poursuivis comme insoumis et déserteurs.

XX. — *Suspension des poursuites pendant la durée du délai de trois mois.*

Toutes poursuites sont suspendues contre les hommes qui se sont rendus coupables d'insoumission ou de désertion antérieurement à la promulgation de la loi du 27 avril 1898 ; mais elles seront reprises, s'il y a lieu, à l'expiration du délai de trois mois fixé par l'article 4 de ladite loi.

Les chefs de corps et les commandants des bureaux de recrutement s'occuperont alors de rechercher les insoumis et les déserteurs qui ne se seront pas présentés, afin de faire recommencer les poursuites à leur égard.

Avant d'établir de nouveaux signalements n° 1, il sera fait sur les registres matricules et les contrôles d'insoumission déposés dans les archives des corps et des bureaux de recrutement un relevé des insoumis ou déserteurs âgés de moins de quarante-cinq ans, qui, n'ayant droit qu'à l'amnistie conditionnelle, n'en ont pas profité dans les délais voulus. Chaque chef de corps ou de bureau de recrutement adressera au Ministre (Bureau de la justice militaire) un état de ces individus à rechercher, avec les observations que leur position pourra soulever et qui pourront nécessiter des instructions spéciales.

XXI. — *Insoumis et déserteurs se trouvant dans les cas prévus à l'article 6.*

Conformément à l'article 6 de la loi du 27 avril 1898, les insoumis et déserteurs qui auraient été condamnés pour des faits étrangers à l'insoumission ou à la désertion ne peuvent bénéficier de l'amnistie que pour ces derniers délits.

En conséquence, lorsqu'un militaire aura été condamné par jugements distincts pour insoumission ou désertion et pour faits connexes ou concomitants, il y aura lieu, soit que les deux condamnations doivent être subies cumulativement, soit qu'elles aient

été confondues, de mettre le condamné en liberté si, abstraction
faite de la détention préventive, il a été détenu pendant un laps
de temps égal à la durée de la peine prononcée pour faits étrangers
à l'insoumission ou à la désertion.

Si la détention subie au moment de la promulgation de la loi
d'amnistie est inférieure à la durée de ladite peine, le condamné
sera retenu en prison jusqu'au jour où il l'aura parfaite.

Si une seule et même peine a été prononcée par le même
jugement pour insoumission ou désertion et autres délits, le condamné ne sera pas admis au bénéfice de l'amnistie et il devra
rester détenu pendant un temps égal au maximum de la durée de
la peine afférente aux faits étrangers à l'insoumission ou à la désertion, à la condition, toutefois, que cette peine ne soit pas
aggravée. Mais, dans ce dernier cas, il sera adressé au Ministre
(Bureau de la justice militaire) des rapports qui permettront d'ap-
précier si les condamnés dont il s'agit sont susceptibles d'une
mesure d'indulgence, en raison du temps qu'ils auront passé dans
les établissements pénitentiaires militaires ou civils.

Enfin, les hommes qui seront l'objet de poursuites pour des
faits étrangers à l'insoumission ou à la désertion devront être ju-
gés sur les inculpations autres que l'insoumission ou la désertion,
à moins que ces inculpations ne soient couvertes par la prescrip-
tion en vertu des articles 636 et suivants du Code d'instruction cri-
minelle.

XXII. — *Nouveaux cas d'insoumission ou de désertion.*

Tout homme appartenant à l'armée qui se sera rendu coupable
d'insoumission ou de désertion postérieurement à la promulgation de la loi du 27 avril 1898 sera signalé et poursuivi conformément aux lois et règlements.

XXIII. — *Les obligations de la gendarmerie.*

Par suite de ces diverses mesures, la gendarmerie n'aura plus à
rechercher comme déserteurs ou insoumis que les hommes qui lui
seront signalés depuis la promulgation de la loi d'amnistie, ou
après le délai de trois mois fixé par l'article 4 de ladite loi ; elle ne
s'assurera pas moins avec la plus scrupuleuse attention de la position des individus qui ne justifieraient pas d'une position régulière
sous le rapport militaire, et elle désignera à l'autorité militaire
ceux qui, pouvant avoir des droits à l'amnistie entière et sans condition de servir, n'en auraient pas profité.

XXIV. — *Rapatriement des hommes à l'étranger.*

Le rapatriement au compte du service de l'indemnité de route
ne peut être assuré qu'aux hommes en position d'accomplir le
service militaire dans l'armée active.

Le rapatriement ne peut jamais s'étendre à la famille de l'amnistié.

Les gouverneurs et les autorités coloniales, ainsi que les représentants de la France à l'étranger qui auront à effectuer un rapatriement au compte de la guerre dans un des cas énumérés au tableau n° 6 (Voir aux annexes), se borneront à assurer le secours de route ou le transport maritime nécessaire pour que le déserteur ou l'insoumis puisse rentrer en France et gagner la plus prochaine résidence d'officier ayant qualité pour recevoir la soumission (général commandant un corps d'armée ou une subdivision, commandant de bureau de recrutement, officier de gendarmerie). Pour ce parcours, le prix du transport sur chemin de fer français sera calculé d'après le tarif plein, les amnistiés ne pouvant commencer à jouir de la réduction de tarif que quand ils seront munis d'une feuille de route ou d'un sauf-conduit conforme au modèle F^3 prévu par l'article 47 du décret du 12 juin 1867.

L'officier qui aura reçu la déclaration d'un insoumis ou d'un déserteur le dirigera sur le corps ou le bureau de recrutement où il doit se rendre, conformément au paragraphe XI de la présente instruction. A cet effet, il lui fera délivrer une feuille de route avec indemnité par le fonctionnaire de l'intendance ou son suppléant, s'il en existe dans la localité; sinon, il le renverra devant le maire, qui lui délivrera un sauf-conduit pour aller jusqu'à la plus prochaine résidence de sous-intendant.

DISPOSITIONS TRANSITOIRES.

XXV. — *Hommes omis dans les tableaux de recensement.*

Conformément à la disposition finale du paragraphe 5 de l'article 3 de la loi du 27 avril 1898, les hommes omis dans les tableaux de recensement, qu'ils soient ou non actuellement présents sous les drapeaux, ne seront pas astreints au service actif au delà de leur trente-cinquième année révolue; cette disposition toute transitoire ne vise que les omissions antérieures à la promulgation de ladite loi et ne modifie en rien pour l'avenir les dispositions de l'article 15 de la loi du 15 juillet 1889.

Fait à Paris, le 15 mai 1898.

Le Ministre de la guerre.
BILLOT.

ANNEXES.

N° 1.

AMNISTIE DU 27 AVRIL 1898.

Modèle du contrôle des insoumis et déserteurs qui, en raison de leurs infirmités, ont droit à l'amnistie entière et sans condition de servir.

NOMS ET PRÉNOMS des insoumis et déserteurs amnistiés.	CORPS auxquels ils appartiennent.	DATES		GRADE.	SIGNALEMENT.	DATE de la libération.	OBSERVATIONS. —
		de leur entrée en service.	de leur désertion.				
	S'il s'agit d'un insoumis, on indiquera dans ces quatre colonnes la classe et le bureau de recrutement auxquels il appartient ainsi que la date de son insoumission.						On indiquera dans cette colonne la nature de l'infirmité pour laquelle les insoumis et deserteurs auront obtenu l'application de l'amnistie entière et sans condition de servir.

N° 2.

AMNISTIE DU 27 AVRIL 1898.

Modèle du contrôle des insoumis et déserteurs qui sont dans l'obligation de servir.

NOMS ET PRÉNOMS des insoumis et déserteurs amnistiés.	CORPS auxquels ils appartiennent.	DATES		GRADE.	SIGNA-LEMENT.	DATE de leur presentation pour jouir de l'amnistie.	INDICATION DU JOUR		OBSER-VATIONS.
		de leur entrée au service.	de leur désertion.				de leur depart pour rejoindre.	de leur arrivée à destination.	
	S'il s'agit d'un insoumis, on indiquera dans ces quatre colonnes la classe et le bureau de recrutement auxquels il appartient, ainsi que la date de son insoumission.								Indiquer la destination qui a été donnée.

N° 3.

Tableau des pièces que doivent produire les insoumis ou déserteurs qui demanderont à jouir de l'amnistie accordée par la loi du 27 avril 1898.

INDICATION DES CAS DE LIBÉRATION OU DE DISPENSE.	PIÈCES A PRODUIRE. (Ces pièces devront, dans les cas de dispense prévus par la loi du recrutement, spécifier que le réclamant est enfant légitime)
Insoumis et déserteurs âgés de plus de 35 ans qui demandent l'application de l'amnistie à l'étranger.	L'acte de naissance ou toute autre pièce établissant la date de cette naissance.
Insoumis ou déserteurs qui seraient mariés ou qui seraient veufs avec un ou plusieurs enfants.........	Certificat du maire, vérifié et visé par le sous-préfet. Si l'insoumis ou le déserteur a été marié à l'étranger, une copie de l'acte de mariage ou de naissance des enfants.
Insoumis ou déserteurs que leurs infirmités rendront impropres au service militaire...............	Certificat du président de la commission de réforme attestant que l'homme présenté à la commission est susceptible d'être réformé.
Insoumis ou déserteurs actuellement aînés d'orphelins de père et de mère ou aînés d'orphelins de mère dont le père est légalement déclaré absent ou interdit.......	Certificat du maire, verifie et visé par le sous-préfet.
Insoumis ou déserteurs aujourd'hui fils uniques ou aînés des fils, ou, à défaut de fils ou de gendre, petits-fils uniques ou aînés des petits fils d'une femme actuellement veuve ou dont le mari a été légalement déclaré absent ou interdit ou d'un père aveugle ou entré dans sa 70e année..............	Même certificat.
Insoumis ou déserteurs fils uniques ou aînés des fils d'une famille de sept enfants au moins..........	Même certificat
Insoumis ou déserteurs actuellement frères aînés d'un jeune soldat inscrit la même année sur la liste de recrutement ou faisant partie du même appel..........	Même certificat.
Insoumis ou déserteurs actuellement frères d'un militaire qui est sous les drapeaux, ou qui est mort en activité de service, ou qui a été réformé ou admis à la retraite pour blessures reçues dans un service commandé ou pour infirmités contractées dans les armées de terre ou de mer...	1° Si le réclamant fonde ses droits sur les services d'un frère qui a été incorporé, *un certificat du conseil d'administration du corps,* ou *tout autre document authentique, faisant connaître que ce dernier sert dans ledit corps* (ou bien) *qu'il est mort en activité de service* (ou bien) *qu'il a été réformé pour blessures et infirmités contractées au service;* 2° Si le frère du réclamant a été immatriculé comme jeune soldat et n'est pas encore incorporé, *un certificat du commandant du bureau de recrutement, constatant son inscription aux registres matricules et portant qu'il n'a pas été mis en activité.*

Nº 4.

AMNISTIE DU 27 AVRIL 1898

CERTIFICAT D'AMNISTIE ENTIÈRE ET SANS CONDITION DE SERVIR.

(1) Nom et qualité du fonctionnaire.
(2) Nom et prénoms de l'amnistié.
(3) Date de sa naissance.
(4) Commune *ou* ville.
(5) Désignation du canton.
(6) *Idem* de l'arrondissement.
(7) *Idem* du département.
(8) Prénoms du père de l'amnistié.
(9) Nom et prénoms de la mère de l'amnistié.
(10) Commune *ou* ville.
(11) Désignation du canton.
(12) *Idem* de l'arrondissement.
(13) *Idem* du département.
(14) Ajouter les marques particulières.
(15) Désigner la pièce *ou* les pièces.
(16) Déserteur (*indiquer le corps*) *ou* insoumis (*désigner la classe et le bureau de recrutement*)
S'il était atteint d'infirmités le rendant impropre à tout service militaire, indiquer la nature de l'infirmité.
S'il était âgé de quarante-cinq ans, on n'ajoutera rien après l'indication de la désertion ou de l'insoumission.
(17) Rappeler le nom de l'amnistié.
(18) Nom de la commune *ou* ville ou le certificat a été délivré.
(19) Date du jour où le certificat a été délivré.
(20) Signature du fonctionnaire.
(21) Cachet du fonctionnaire.

Nous soussigné (1) certifions que le nommé (2) né le (3) à (4) canton d (5) arrondissement d (6) , département d (7) fils d (8) et d (9) domiciliés à (10) canton d (11) arrondissement d (12) , département d (13) taille d'un mètre millimètres, cheveux , sourcils , front , yeux , nez , bouche , menton , visage , teint , barbe , (14) a justifié par (15) qui a (*ou ont*) été annexé au premier contrôle des amnistiés, qu'il était (16).

En conséquence, et conformément aux dispositions de l'article 2 de la loi du 27 avril 1898, ledit (17) a obtenu de nous l'application de l'amnistie entière et sans condition de servir, de la désertion ou insoumission ci-dessus relatée, et est autorisé à rentrer dans ses foyers.

Fait à (18) , le (19)

(20) (21)

N° 5.

Hommes qui, n'ayant plus à servir à aucun titre, ne pourront en aucun temps être rapatriés au compte du service de l'indemnité de route.

Ce sont :

Les insoumis et les déserteurs âgés de plus de quarante-cinq ans, puisqu'ils sont amnistiés sans condition de servir, le jour même de la promulgation de la loi, et rayés immédiatement des contrôles ;

Et les insoumis ou déserteurs atteints d'infirmités qui les rendent impropres à tout service actif ou auxiliaire.

Le refus de rapatriement au compte de la guerre doit également s'appliquer à ceux d'entre eux qui, n'ayant pas d'infirmités apparentes, sont tenus de venir faire constater leur position en France, pour que leur certificat d'amnistie devienne définitif, attendu que leur déplacement a pour motif leur intérêt personnel et non l'accomplissement du service militaire.

Exception sera faite, seulement, pour ceux auxquels leur état d'indigence, dûment constaté, ne permettrait pas de faire le voyage à leurs frais.

———

N° 6.

Hommes appelés à servir dans l'armée active, astreints à faire leur soumission en France et pouvant être rapatriés au compte de la guerre aussitôt après la promulgation de la loi.

Ce sont :

Les insoumis et déserteurs âgés de moins de trente-cinq ans, qui seraient mariés ou qui seraient veufs avec un ou plusieurs enfants, et soumis aux obligations de leur classe, *quand cette classe est encore sous les drapeaux ;*

Les insoumis âgés de moins de trente-cinq ans qui n'ont pas fait de service actif ;

Les déserteurs âgés de moins de trente-cinq ans ;

Les dispensés de l'article 21 de la loi du 15 juillet 1889, sur le recrutement.

TABLE DES MATIÈRES.

Paris et Limoges. — Imprimerie militaire Henri CHARLES-LAVAUZELLE.

PARIS ET LIMOGES. — IMP. MILITAIRE HENRI CHARLES-LAVAUZELLE.

9 782019 634872